मेरे मन
की अधूरी बात

Parimal Srivastava

BlueRose
Publishers
NewDelhi • London

First Published in February 2022

ISBN: 978-93-5611-027-4

BLUEROSE PUBLISHERS
www.bluerosepublishers.com
info@bluerosepublishers.com
+91 8882 898 898

Cover Design:
Manish

Typographic Design:
Pooja Sharma

Distributed by: BlueRose, Amazon, Flipkart

नमस्ते

'मेरे मन की अधूरी बात' शीर्षक थोड़ा अटपटा है क्योंकि अगर बात अधूरी है तो कविता पूरी कैसे हुई और अगर नज़्म पूरी हुई तो बात किसी न किसी अंजाम तक तो आई होगी। इसी ख़याल से यह किताब लिखी गई। आप इसे किसी कविता या ग़ज़ल या नज़्म सोच के न पढ़ें। हर कविता, हर नज़्म एक सोच है जो शायद पूरी हुई और शायद अंजाम के ख़याल में ही रह गई।

उत्तर भारत में पला बढ़ा गंगा-जमुनी तहज़ीब के बीच और बचपन से रस्किन बांड, हरिवंशराय बच्चन, प्रेमचंद, निदा फ़ाज़ली, बशीर बद्र जैसे लेखकों को पढ़ता आया। शायद इसीलिये कुछ कविताएँ हिंदी में हैं और कुछ उर्दू में।जैसा ख़याल आता गया वैसी कागज़ पे लकीरें खींचता गया और यह 24 कृतियाँ बन गईं।पूरी शुद्ध भाषा का कहीं इस्तेमाल नहीं हुआ है, हर जगह खिचड़ी है। इसीलिए हिंदी या उर्दू की कविता बोलने से अच्छा अगर भाषा को हिंदुस्तानी कहा जाए तो ज़्यादा ठीक रहेगा।

अंशिता , जो बड़ी बहन भी हैं और खुद एक बहुत अच्छी लेखिका और एक चित्रकार(Painter) भी हैं, उनका विशेष आभार। उनकी कुछ कृतियों ने मेरी कविताओं की ख़ूबसूरती बढ़ाई है।

इसी के साथ कविताओं के बीच, हिंदुस्तान के कुछ छोटे बड़े हिस्सों की तस्वीरें भी हैं। ये वो जगाहें हैं जहां मैं कभी न कभी रहा और जिन जगहों ने मुझे कभी न कभी कुछ लिखने पे मजबूर या प्रेरित किया।प्रेम ख़ासतौर पे पहाड़ों से है उसकी तस्वीरें ज़्यादा मिलेंगी।जैसा रस्किन बांड बोलते हैं

"It is always the same with mountains. Once you have lived with them for any length of time, you belong to them. There is no escape."

Ruskin Bond, Rain in the Mountains: Notes from the Himalayas

हर कविता/नज़्म के बाद मैंने कुछ जगह अधूरी छोड़ी है और यह उम्मीद रखता हूँ की हर कविता/नज़्म पढ़ने के बाद आप कुछ अपना लिखना चाहेंगे। और मेरी अधूरी बात को पूरा करना चाहेंगे।

बात को और ज़्यादा न बढ़ाते हुए अब मैं चाहूँगा की आप कविताएं पढ़ें और कुछ महसूस करें। शायद कोई भूला ज़माना, भूली याद, भूला दोस्त या भूला प्यार याद आ जाए। और इसे मैं खुशनसीबी समझूँगा की अगर किताब पढ़ने के बाद आप किसी दोस्त, किसी रफीक से बात करना चाहें। मुझे ज़रूर लिखें और बताएं की इन 24 कविताओं का सफ़र कैसा रहा।

अपने बारे में ज़्यादा न लिख कर बस इतना कहूंगा

I am still on my zigzag way, pursuing the diagonal between reason and heart.

Ruskin Bond, Rain in the Mountains: Notes from the Himalayas

-परिमल श्रीवास्तव

जनवरी 2022

कविता लिखने का या पढ़ने का शऊर कहाँ से मिला यह तो याद नहीं लेकिन बड़ाई और प्रोत्साहन परिवार और दोस्तों सबसे मिला।

मेरी यह किताब उन सभी को समर्पित जिन्होंने जीवन में कभी न कभी मेरा साथ दिया, मार्गदर्शन दिया, मुझपर भरोसा रखा और मेरी गलतियों को माफ किया। और यह क़िताब ख़ासतौर पर समर्पित मेरे पसंदीदा लेखक रस्किन बांड जी को।

About Author

Parimal Srivastava, born on 31st March,1987 at Kanpur, Uttar Pradesh. He completed schooling from Kanpur and holds a bachelor's degree in Electronics and Communication Engineering from UP Technical university, Lucknow. He works at a reputed MNC as an Electrical engineer and insists that his first love has always been good poetry and good food.

And he has been writing all his life, but this is his first attempt at collecting all his poetry in one place and presenting it as a book.

1)

साँझ ढले मैं आशाओं के दीप जलाया करता हूँ..

थाम उजाले का दामन
मन ने कुछ सपने देखे थे,
कुछ कलियों की सीपों में
कुछ मोती पुष्प सरीखे थे,
मन उड़ बैठा था पंछी सा
तोड़ समझ की हर बेड़ी,
आशाओं की मदिरा से
अमृत के प्याले फ़ीके थे,
उस छोर सभी जो देखे थे वह दृश्य बनाया करता हूँ
साँझ ढले मैं आशाओं के दीप जलाया करता हूँ..

धूप बढ़ी फिर
स्वप्न सेज की सुँदरता मुझसे रूठी,
राहों का हर काँटा बोला
"कटुता सच्ची मधुता झूठी"
मन बोल उठा बैठे रहने से कब सुख किसने पाया है,
हँसी ठिठोली करता सुख उसने यह स्वाँग रचाया है,
हर पल तन की पीड़ा सेहता मैं हर्ष मनाया करता हूँ
साँझ ढले मैं आशाओं के दीप जलाया करता हूँ..

कुछ दूर मैं शायद चल बैठा
अब दूर वह सपने दिखते हैं,

वृद उजाला सेहमा सा
सँध्या के आरोही क्रीड़ा करते हैं,
कुछ रही अधूरी आशायें फिर भी मैं चलता रहता हूँ
मन के कल्पित स्वपनों का स्वर इस पथ को अर्पित करता हूँ,
जिस पहर उजाला सोता है मैं आस जगाया करता हूँ
साँझ ढले मैं आशाओं के दीप जलाया करता हूँ...

मसूरी,उत्तराखंड(२०१७)

2)

यूँ तो मंज़िल ढूंढ लेंगे रास्ते ही हैं सभी
साथ हम तुम चल सकें
तो सफर अच्छा रहे।

कुछ कोशिशों में ही सही
दिल को बहलाते रहे
कुछ अंधेरे कुछ उजाले
तो सफर अच्छा रहे।

एक बला इज़हार का
और एक बला जोश-ए-जुनूं
चुप सी हो हर लफ्ज़ बांटे
तो सफर अच्छा रहे।।

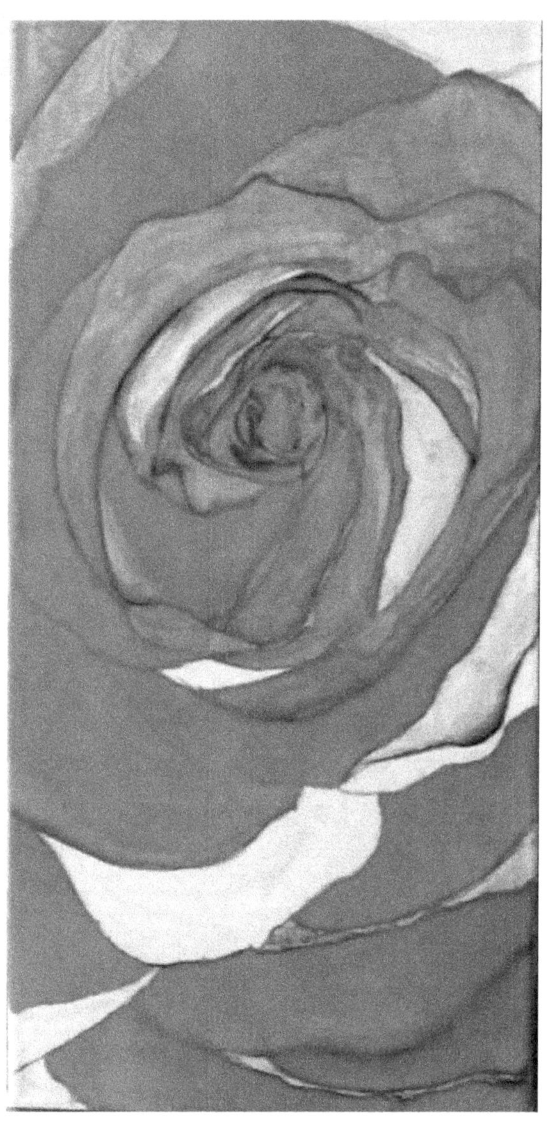

'The Incomplete Rose'

3)

यूँ होता कभी तुम साथ होते
और सितारे राह अपनी भूल जाते।

इस गली फिर चांद भी धीरे से ढलता
युं अंधेरों में कहीं चुपचाप जलता....
और हाथ थामे हम कभी एक दुसरे का
स्वपन के इस छोर से उस छोर चलते.।

है आभास मुझको स्वपन है
कल स्वपन के सौ सत्य होंगे
और अन्धेरा ही सही हम साथ हैं
कल उजाले इस डगर न जाने कैसे मोड होंगे
हम साथ चलते या ना चलते पर इस गली एक मोड होता
हम जहां रुकते तो जग की सारी शर्तें भूल जाते......

यूँ होता कभी तुम साथ होते
और सितारे राह अपनी भूल जाते।

4)

ओस के भीगे दरख़्तों से कभी छनकर
माथे पे तुम्हारे जो सुनहरी धूप आती है
काम आएंगी इन्हे दिल में जगह देना
यह घर के किसी बड़े की दुआएं हैं। .

और पनपते हो खड़े जिनके उजालों में
अपने ही किसी की रौशनी की अदाएं हैं।

है दुष्वार की पौधा कभी आसमां चूमें
या की शाखों पे कभी अठखेलियां आएं
सुना है पत्तों को हवा में झूमने का फ़न
गुज़रे दिनों में जड़ों ने सिखाए हैं।

तुम चमन के नूर हो तुमसे नज़ारे हैं
तुम छाँव हो गुलज़ार की तुमसे सहारे हैं
और मुद्दतों में कोई घना एक पेड़ बनता है
तुम्हारे अंदाज़ बीती पीढ़ियों की शुआएं हैं

शांतिनिकेतन,बोलपुर,पश्चिम बंगाल (२०१३)

5)

बिन तुम्हारे मैं अभागा

मेरी जीत के विस्तार में
इस गीत के अभिसार में
जग मेरा परिचय पढ़े मैं लिखूं जीवन तुम्हारा
बिन तुम्हारे मैं अभागा।

जो बीत जाती फिर न आती
जग का यह अभिशाप मुझको
हाय! बीता याद में, एक विगत संसार सारा
बिन तुम्हारे मैं अभागा।

स्वपन जो तुमने बुने
मेरे दृगों के कोर पर
विश्व एक गढ़ता हूँ मैं, एक चित्र को जीवन तुम्हारा
बिन तुम्हारे मैं अभागा।

उस छोर से,जब भोर से
मैं चला मूँदे नयन
इस छोर तक,इस सांझ तक, मेरा सम्बल नेह तुम्हारा
बिन तुम्हारे मैं अभागा।

6)

मन की तपती धरा फिर से
कलियों में मुस्काई
प्रमुदित स्मृतियों की गंध लिए
यह बयार कहाँ से आई।

फिर गिल्ली-डंडा, हु-तू-तू
की चलो लगाएं बाज़ी
पेंच लड़ाएं पतंग के फिर से
सून गगन, सब खाली।

गली मोहल्ले गूंजे फिर से
एक ही स्वर सब बोलें
बड़े दिनों से बाँध रही जो
मन की गांठे खोलें।

फिर ईदी में चांद मिले
फिर रंगों की दीवाली
चमक उठे हर बगिया फिर से
भर जाए हर डाली।

फिर गूंजे हर घर आँगन से
प्रेम का एक ही राग
मां के आंचल में बीते
जो रैन बिताई जाग।

अश्रु धार में पावन तन
मन की पीड़ा हर्षाई
प्रमुदित स्मृतियों की गंध लिए
यह बयार कहाँ से आई।

चम्बा,हिमांचल प्रदेश(२०१४)

7)

मैं बैठ कहीं अनजाने में
बीती बातें दोहराता हूं
नभ का प्यारा, टूटा तारा
तारे की आस लगाता हूँ

झिलमिल तारों के पीछे
एक स्वपन दिखाई पड़ता है
हाय! मुझे इस बेला क्यों
यह राग सुनाई पड़ता है

जो बीत गया वो बीत गया
मन को मैने समझाया
वह पुष्प खिला था यौवन सा
बांट सुगंध अब कुम्हलाया

शांत पवन,अब नभचर भी
नीड़ को वापस आते हैं
सुन कलरव इनका, नए दिवस का
नया भरोसा लाते हैं

जो टूट गया वह स्वपन नहीं
जो छूट गई वह आस नहीं
माना अपना दिन बीत गया
यह बाधा है परिणाम नहीं

नया उजाला नया ध्येय
फिर से स्वपन सजाऊंगा
मैं दिन का हारा पंथी
मैं सांझ की प्रीत निभाऊंगा।

8)

चलो इस बार नया दिन
नये उजाले में मनाया जाये।

उतरे चेहरों पे कुछ ख़ुशी बिखेरें
सूनी आँखों में कुछ ख्वाब बुनें
उमंगो की उड़ान से अब दिन सजाया जाये
चलो इस बार नया दिन नये उजाले में मनाया जाये।

अपनी पहचान चौखट के उस पार छोड़ आओ
नए उजाले में अपना नया दीन होगा
हममें तुममें जो भेद है उसको मिटाया जाए
चलो इस बार नया दिन नये उजाले में मनाया जाये।

इस बार मुझको है यक़ीन दिन नया होगा
उलझने होंगी मगर दिल को सुकून होगा
जो अधूरी बात पीछे छोड़ आए
दिन रहे उन मुद्दओं से दिल सजाया जाये
चलो इस बार नया दिन नये उजाले में मनाया जाये।

शोघी ,हिमांचल प्रदेश (२०१२)

9)

वो इश्क़ ही क्या जो ज़ाहिर है

अल्फ़ाज़-ए-मोहब्बत होठों तक आ जाए कभी तो क्या
अरमान-ए-जुनूं जो दर्द-ए-सुखन बन जाए कभी तो क्या
वो एक ख्वाब है उसे ताबीर कर
एहसास है इसे महसूस कर।

तेरा इश्क़ एक फूल की खुशबू सा है
कभी एक सुब्ह के चेहरे पे जो नमीं पिरोता है
बाम-ए-फलक पर कभी सरकश परिंदों सा
तेरा इश्क़ तेरी रूह को परवाज़ देता है
राह-ए-वफ़ा पर कभी रहबरों सा
राह-ए-खुदा पर कभी रहनुमा सा।

खुदगर्ज़ हवाओं के मानिंद
अशफ़ाक़ गुलों को ज़ार न कर
बेबाक सजा तस्वीर-ए-सनम वो हुस्न ही क्या जो हाज़िर है
ज़ब्त रगों में बहता है वो इश्क़ ही क्या जो ज़ाहिर है।

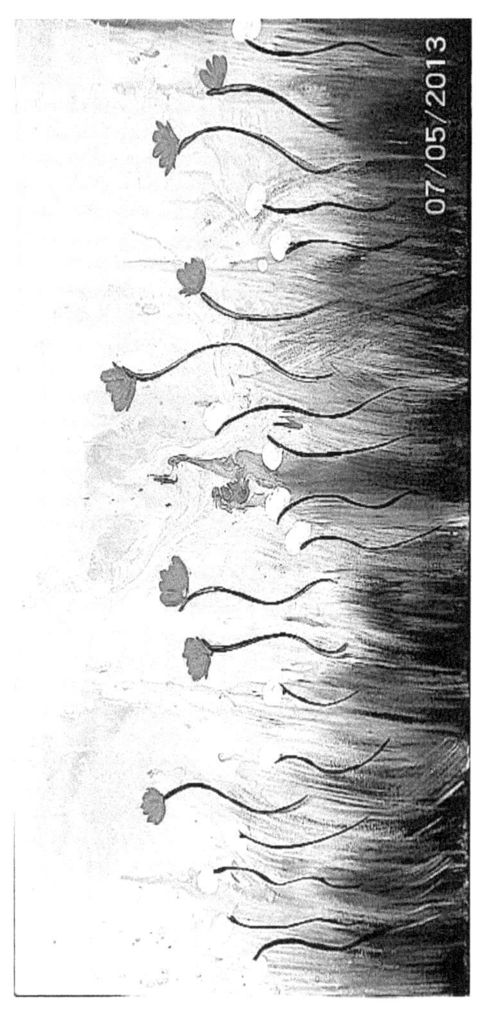

'Ladies In Red'

10)

बीमार-ए-दिल-ए-हाल का कुछ शौक़ रह जाए
दीदार-ए-चारासाज़ हो, कुछ राज़ रह जाए।।

यह इश्क-ओ-मुश्क की बात है जंगल की आग है
दूर से मिलो यूँ ही न यह बात बढ़ जाए।

वक़्त का यह खेल है एक स्याह रात का
दुआ करो यह रात गुज़रे अपना ख्वाब रह जाए।।

यह बज़्म-ओ-गुल के सिलसिले चलेंगे दूर तक
दिलों में हैं जो फासले रहेंगे कब तलक
और कुछ दिनों की बात है जलो कुछ इस तरह
हर बुझे चराग़-ए-दिल में अपनी बात रह जाए।।

11)

उसी की आंखों में तूफान है वही चारासाज़ है मेरा
फ़साना-ए-इश्क़ का बस इतना सा राज़ है मेरा।।

मेरी बेखुदी ने उसको खुदा बना दिया
एक शख़्स जो कभी हम-रहाँ था मेरा।

ज़माने भर के ग़म ज़ब्त अब करके चलें
खिज़ा में झूमता था गुलिस्तां सा मेरा।

मेरी तिश्नगी को बेरहम यूँ हवा न दे
शोलों सा सुलगता है अब इरादा मेरा।

मेरी मोहब्बत की नज़र वो जो हुस्न था
अर्श का जो नूर था एक तारा मेरा।

मुझे बेवफा कहो की या अब बा-वफ़ा
बे-बयां ही रहा ज़माने में फ़साना मेरा।।

लूसर्न ,स्विट्ज़रलैंड(२०१५)

12)

एक दर्द है
जो मेरे दिल में है
और शायद तुम्हारे भी।

हमने कभी जो आम तोड़े हैं
टहनियों से लटक कर
कभी बेरियों से चोट खाई है
और कभी मिट्टी मे सने हाथों से
घरोंदों को थाप दी है।

कभी छत पर पतंगों से आसमां नांपा है
कभी कागज़ की कश्तियाँ बना
उफनते बादलों से होड़ ली है
और कभी कोहरे से दिन के चेहरे पे
चहकती धूप देखी है।

कभी दिये जलाएँ हैं अंधेरी रात में
कभी रंगों में भीगे दिल से दिन बनाया है
और थाप दी है साथ में
मिट्टी के एक घरौंदे को हमने घर बनाया है।

वक़्त की कुछ चाल थी शायद
की आज हम बसेरे से इतनी दूर हैं
चिट्ठियों को इल्म है अपने पते का
हमारे लफ्ज़ ही हैं जो शायद मजबूर हैं।

मैं तुम्हें आवाज़ दे पाऊं और तुम लौट आओ
या कभी तुमको मनाऊँ और तुम मान जाओ
अपने बीच ऐसी बातों की गुंजाइश शायद अभी भी है
बेरियों का स्वाद ज़बान पे शायद अभी भी है

फिर भी

एक दर्द है
जो मेरे दिल में है
और शायद तुम्हारे भी।।

13)

तुम्हारा ख़याल होता तो क्या होता
शब ए विसाल होता तो क्या होता...

अंधेरों ने ग़म-ए-इश्क़ कुछ यूं संभाला है
उजालों ने मेरा चेहरा कुछ यूं संवारा है
की तुम्हारी राह में गुज़रे मेरे जो सुब्ह-ओ-शब
तुम्हारी चाह में गुज़रे मेरे जो सुब्ह-ओ-शब
बा-वुज़ू कुछ ख्वाब से, अशफ़ाक से
मेरे माज़ी के कुछ भीगे हुए एहसास से
रहनुमा बनके चले इस राह पर
वो राह जो तेरी न थी मेरी न थी

और अनकहा सा कुछ तो था जो अब भी है
मुख्तसर जो था फसाना अब भी है
मदहोश हूँ जो गुनगुनाता तो क्या होता
जो कभी फिर होश में आता तो क्या होता...

तुम्हारा ख़याल होता तो क्या होता
शब ए विसाल होता तो क्या होता...

'Every Story..Is Us' – Rumi

14)

इस बार जो बिछड़े हैं
अब सितारों में मुलाकात होगी।

उस दिन मेरा हाथ थामे
तुम्हीं ने इस राह चलने की ताकीद की थी
मेरे अधूरे ख्वाबों के बियाबान को
तुम्ही ने कभी गुलशन की तस्वीर दी थी।

मैं तुम्हारी छांव में महज़ चलता रहा बसता रहा
तुम मेरे हिस्से की धूप सहते रास्ता करते गए
और चलने का सलीका ओ फ़न तुम्हारा ही था
जो तुम्हारे कदम चले वहीं मेरे कदम पड़ते गए।

दिन ढल गया और शायद तुम थक ही गए थे
हारता हुआ मैने तुम्हे कभी देखा नहीं।

वक़्त की जो लकीरें थी चेहरे पे तुम्हारे
उन्हें भरने की अब मेरी बारी थी
आँखो में जो अंधेरा फैलता सा है
दयारों में रौशनी करने की
अब मेरी बारी थी।

और अब जो बिछड़े हैं मुझे यकीन है
तुम्हारे उजाले मुझे फिर नया दिन दिखाएंगे
हमारे महज़ हाथ छूटे हैं
एक पल की जुदाई से उम्र भर के रिश्ते नही टूटा करते।

तुम्हारे ख्याल होंगे
और फिर से महकी रात होगी
इस बार जो बिछड़े हैं
अब सितारों में मुलाकात होगी।

'Aqua Turmoil'

15)

हर खुशी पर अपनी मेरी जान निसार रखना
रौशन सी धूप रखना ठंडी सी छांव रखना।

माना करार-ए-दिल को हासिल जहां-ए-राहत
एक मुस्कराहट को भी मेरे नाम रखना।

हम-नशीं ज़माना, ले जाओ तुम उफ़क़ तक
हमनवां नहीं तो कोई हमखयाल रखना।

दुनिया की रंग-ओ-रौनक है एक हसीन भुलावा
बेखुदी मैं भी कुछ खुद का ख़याल रखना।

है मुद्दआ-ए-महफ़िल एक बेसबब सा फितना
जोश-ए-जुनून भी रखना सुकून-ए-दिल भी रखना।

हद-ए-नज़र से ओझल अब कारवां तुम्हारा
मेरी अहद-ए-वफ़ा-ए-यारी पर इख़्तियार रखना।

16)

आज फिर हम मिले
आज फिर चाँद मुस्कुराया।

तुम्हारे दीदार ने इस शाम को कुछ ऐसे रौशन किया
बुझे चराग़ों में फिर किसी ने लौ लगाई हो जैसे
रात जो अंधेरों में बीत जाती शायद
उम्मीद की चांदनी में फिर जगमगाई हो जैसे।

मैं तुम्हे ढूंढ ही लेता आखिर
सफर ये ज़िन्दगी भर का है
ढूंढने में लेकिन ये राह और एक उम्र बीत जाती।

ये अंधेरे और उजाले का सफ़र
ये धूप और छांव का सफर
यूँ तो कारवां भी है हम-सफर भी हैं
शिकायतें भी हैं हमनज़र भी हैं।

मग़र कुछ राज़ हैं
कुछ अधूरे ख्वाब हैं, मैं जो मुसलसल देखता हूँ
ख्वाब जो शायद तुम्हारी आँखें देखें और पूरा कर दें।

और यही राज़-ए-दिल छुपाए
आज मैंने फिर तुम्हारी दीद की है
जुगनुओं ने फिर कुछ सितारों से होड़ ली है
फिर अरमान-ए-दिल की शोखियों पर तुम्हारी अदा ने सितम
ढाया
आज फिर हम मिले
आज फिर चाँद मुस्कराया।।

लोनावला,महाराष्ट्र(२०११)

17)

मेरी मोह्हबत के अधूरे खत

कुछ अधूरी बातें

और उनमें तुम्हारा नाम।

कुछ अधुरे ख्वाब

जो कभी सच न बन सके

कुछ अधुरे बोल जो एक मुकम्मल नज़्म न बन सके।

मैंने मोहब्बत की मग़र मैं भूल बैठा

एक मेरा इश्क़, एक तुम्हारा अहद-ए-करम

हम मिले तो थे मगर दिन रात से

शाम बांटी थी, मगर एक फ़ासले से

और फासलों के नाम ही यह ख़त मेरे

मेरी दीवानगी के फ़साने और उनमें तुम्हारा नाम।

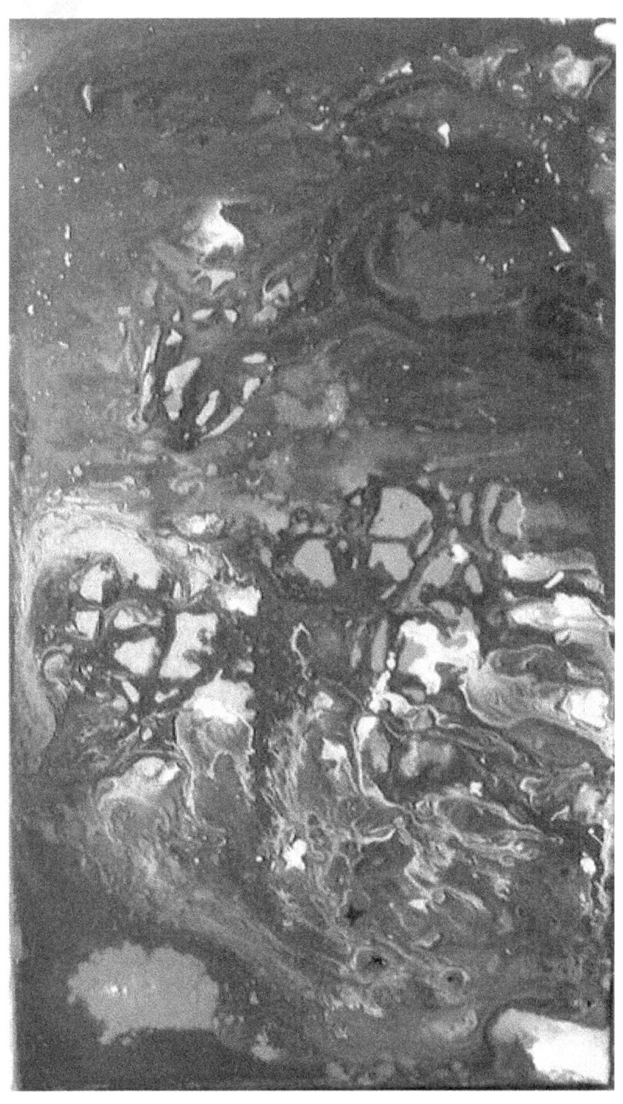

'The Incidental Nebula'

18)

छू लिया मेरा दिल, कभी
मेरा रूप भी संवार दो
ये जो शाम तक का साथ है
उसे उम्र भर का नाम दो।

मेरा ख़्वाब एक बहार का
और ये बहार ख़्वाब की
रूबरू मिलो कभी
मुझे ख़्वाब एक नवाज़ दो।

दोनों की हैं मुश्किलें
एक हुस्न एक दीवानापन
फुरक़तों सी रात को
अब चाँद का दीदार दो।

मेरी रूह के कुछ दाग़ से

जला न डालें दिल मेरा

ख़ाक के इस फूल को

तुम फ़िज़ा का नाम दो।

ये रुखसती के चार पल

और मेरा बयां-ए-दिल

रहा दर्मियाँ जो अनकहा

अब उसे आवाज़ दो।

जो ये डूबता सा चाँद है

मेरे इश्क़ का उसे नाम दो।

19)

दिन के उस छोर पर

जब उजाला शांत बैठा हो कभी

मैं बुझे उन नैन में कुछ स्वप्न लिखना चाहता हूँ....

हम बढे थे इस डगर

कुछ दीप नैनों में लिए,

कुछ पंख थे विश्वास के

कुछ स्वप्न जो हमने जिए.....

रात बीती मैं अकेला

बस अँधेरा साथ था,

जागता था मैं तुम्हारी

आस के मोती लिए....

और उजाला भी कभी न स्वप्न मेरा तोड़ पता

मैं न कहता कुछ कभी बस ठोकरों में दिन बिताता..

 मैं हृदय की वेदना ही बाँट पाया आजतक

हर कदम तुम हाथ थामे साथ फिर भी चले

उस क्षितिज के पार जो तुम साथ मेरे चल सको

दो कदम कुछ और ठहरो कुछ भरोसा कर सको

मन के कोने में छुपे कुछ बोल हैं चुप चाप से

मैं तुम्हे जो दे सकूँ वह गीत लिखना चाहता हूँ....

दिन के उस छोर पर
जब उजाला शांत बैठा हो कभी
मैं बुझे उन नैन में
कुछ स्वप्न लिखना चाहता हूँ

मजखली ,उत्तराखंड(२०१८)

20)

रंगों में जो रंग घुल जाए
ऐसा रंग लगाओ
इस मन से जो उस मन जाए
ऐसा रंग लगाओ ...

लाल गुलाबी नीला पीला
सारे रंग मिलाओ
जिस रंग यह जीवन रंग जाए
ऐसा रंग लगाओ ...

बीत चुकी है अंधियारी सी
मटमैली सी रात
दिन के नए उजालों में
खुशियों के रंग लगाओ...

मुस्कानों की होली खेलें
हर खुशियों के रंग
अब की एक न चेहरा छूटे
ऐसा रंग लगाओ...

21)

मैं उजाले की तरह

मन के अंधेरों में बसुँ ,

और कभी फिर चेतना के छोर पर

शांत बैठूं स्वप्न के मोती गिनूँ

बीत जाते हैं सभी दिन के उजालों में अँधेरे

मैं उजाला खोजता सांझ से साझा करूँ।

शांत शब्दों के लिए

स्वर कभी मैं ढूढ़ पाऊं

हों अधूरे ही सही

कुछ अर्थ उनमे ढूढ़ पाऊं

और पिरोऊँ मोतियों को हार में

शब्द अपने हों पराये गीत फिर लिखता चलूँ।

दुःख कभी जो बीत पाता

सुख कभी जो जीत पाता

यह विषमता त्याग मैं पग रोक कर

बैठ जाता स्वप्न की दुनिया बसाता।

पर ठोकरों में साथ जो मेरे रहा

पथ कंटकों की पीर संग जिसने सहा

छाँव क्षण भर ढूढ़ कर अपने लिए

मैं रास्ते का साथ कैसे भूल जाऊँ ।

पारसनाथ,झारखण्ड(२०१३)

'When Things Look Simple'

22)

इस शहर की पेचीदा गलियाँ और
उन में बसेरा ढूंढता एक आदमी।

चौबारे का एक पुराना नीम का पेड़,
तड़के सवेरे खेतों में लहलहाती धूप,
दूर नदी के उस छोर से आरती का राग,
और कहीं पगडंडियों पे दौड़ता बचपन।

इन्ही तस्वीरों को मन में छिपाये
हालात से झूझता आदमी शहर की ओर चलता है।
आँख में धुंधला सा एक ख़्वाब है,
पीठ पर कुछ अपनी कुछ पराई
उम्मीदों का बोझ है
कदमों में मगर उसके एक जोश है।

वही जोश जो अनजान भीड़ में

आदमी का दिल बहलाता है,

वही जोश जो सूनी स्याह रातों में सुनहरी

सुबह का सपना जगाता है।

और इसी अंधेरे उजाले के तिलिस्म में

फंसा आदमी,

सच और झूठ के भरम में

फंसा आदमी,

घर से दूर एक नई दुनिया बसाता है।

वो दुनिया जो एक भुलावा है,

जहां न सर छिपाने को छत है

न ग़म छुपाने को कोई तरकीब है,

बस भीड़ में आँखें मीचे,दौड़ता जहाँ

सुबह से शाम का सफर काटता है।

और उसी दुनिया में बसा यह शहर

और इस शहर की पेचीदा गालियों में

बसेरा ढूंढता एक आदमी।

23)

तुम्हारे नाम का एक हसीन ख़त मिला।

मेरी पहली मोहब्बत का इकरार था शायद,
जो उन्हीं चंद लफ़्ज़ों में बयां भी थी और ज़ब्त भी।

मैंने न वो ख़त खोला, न पढ़ने की तदबीर की
बस लिफ़ाफ़े पे लिखा तुम्हारा नाम देखता रहा।

वो नाम जो कई बार मैंने हाथों पे लिखा
और फिर उन हाथों को कभी इबादत में उठाया
कभी बग़ावत में।

वो यक़ीनन एक जुनून था
और यह लाज़मी नहीं कि हर इब्तेदा
का अंजाम भी हसीन हो।

मैंने किस्मत में ज़मीं चुनी, तिश्र्गी चुनी

तुमने फ़लक़ चुनी,सितारे चुने

और शायद अपनी मोहब्बत का यही हासिल है

हमने कुछ हसीन यादें लिखीं कुछ हसीन सपने बुने।

जो शायद तुम्हारे आंसुओं में भीगा था कभी

एक पुरानी रात के तकिये तले मिला,

मेरे दिल-ए-मुश्ताक़ का जो हश्र था,

तुम्हारे नाम का एक हसीन ख़त मिला।

24)

मेरे मन की अधूरी बात।

मेरे गीत मेरी सब कहानियाँ

तुम्हारी तस्वीर, तुम्हारे ख़त बाक़ी सब निशानियां

और पोशीदा से मेरे कुछ ख्वाब।

मैं ज़माने से जिन्हें छुपाता रहा

घर के गुमनाम अंधेरे जिनसे सजाता रहा,

सितारों से झिलमिलाती एक अधुरे चाँद की रात

बे-आवाज़ से मेरे कुछ हर्फ़ और मेरे मन की अधूरी बात।